CW01668204

Querido Leitor,

Fui eu, João Pastel, que fiz este livro todo. Fui eu que escrevi as histórias e fiz os desenhos todos, e demorei muito tempo. Falo aqui de todas as coisas estranhas que acabam sempre por me meter em sarilhos.

São coisas estranhas, mas TÃO ESTRANHAS, que as pessoas NUNCA acreditam em mim.

Quando tento contar aos crescidos o que aconteceu MESMO, eles põem-se a abanar a cabeça e dizem:

– NÃO TE PONHAS A INVENTAR HISTÓRIAS, QUE O TEU NARIZ AINDA COMEÇA A CRESCER!

Mas eu não estou a inventar histórias. Tudo o que eu te vou contar agora é mesmo verdade. ACONTECEU MESMO.

Assinado João Pastel

Michael Broad, o autor da colecção "João Pastel", passou grande parte da sua infância a olhar pela janela e a imaginar que estava num sítio mais interessante. Agora que já é crescido, Michael continua a passar muito tempo a olhar pela janela e a imaginar que está num sítio mais interessante – mas também já escreve e ilustra livros.

Nota do editor português a pais e educadores:

Editar livros de qualidade passa por escolher bons autores e ilustradores, mas igualmente tradutores e revisores competentes. Para garantir a qualidade literária da colecção "João Pastel" orgulhamo-nos de contar com a colaboração de duas profissionais consagradas, cujos perfis lhe apresentamos:

Raquel Mouta (n. 1975), tradutora e revisora, cresceu nos arredores do Porto, estudou em Coimbra e vive agora em Lisboa. Ao longo desse caminho foi aprendendo línguas estrangeiras e descobrindo a riqueza da língua portuguesa nas suas variedades regionais. Começou por ser coordenadora editorial de obras infanto-juvenis, trabalhando actualmente como *freelancer* para várias editoras. Desde o início da sua carreira já traduziu mais de quarenta obras. É também investigadora na área dos estudos de tradução, com enfoque no infanto-juvenil.

Sara Belo Luís (n. 1975) licenciou-se em Comunicação Social na Universidade Católica e deu aulas na Faculdade de Letras da Universidade de Lisboa. Actualmente é jornalista da *Visão*, tendo colaborado com o *Jornal de Letras*, a Antena 2 e as revistas *Ler* e *Camões*. Desde 1998 que acompanha a actualidade literária e realiza trabalhos de edição de texto e revisão para algumas das maiores editoras portuguesas. Tornou-se, nos últimos anos, leitora fervorosa de livros para crianças.

JOÃO PASTEL

A VISITA DO VAMPIRO

MICHAEL BROAD

booksmile
Livros que saltam à vista

Edição original
Título: *Jake Cake – The Visiting Vampire*

Publicado por Puffin Books, uma chancela de Penguin Books, Londres.

Edição em português
Título: *João Pastel: A Visita do Vampiro*
Tradução: Raquel Mouta
Revisão: Sara Belo Luís
Paginação: Mário Félix – Artes Gráficas
ISBN: 978-989-8260-86-4
Depósito Legal: 316710/10
Código: 209.014.01

1.ª edição: Novembro de 2010
Impressão: Tilgráfica, Braga
3000 exemplares

booksmile
Livros que saltam à vista

BOOKSMILE é uma chancela de Palco das Palavras, Lda.
Rot. Nuno Rodrigues dos Santos, 1, 5.º H • 2685-223 Portela LRS • Portugal
Tel. +351 218936000 • GPS 38.783, -9.111
contacto@BOOKSMILE.pt • www.BOOKSMILE.pt
Escreva-nos para receber as nossas novidades.

Aqui estão três histórias INACREDITÁVEIS de quando eu conheci:

João Pastel

A VISITA DO VAMPIRO

Às vezes na escola temos visitas que lá vão passar a manhã para nos falarem de coisas interessantes ou que deviam ser interessantes. Uma vez foi à escola um agricultor que passou a manhã inteira a falar de batatas – o que foi mesmo uma grande seca.

Podes até pensar que é uma boa maneira de não aturar os professores durante algum tempo, mas os eles ficam sempre na sala. Sentam-se a um canto, de olho nos miúdos para ter a certeza de que não tratam mal a visita.

Quando o agricultor lá foi, eu adormeci na aula e comecei a roncar como um dos porcos que ele deve ter na pocilga. A stora Barata de certeza que não se esqueceu disso porque, depois de apresentar o sr. Sanguessuga, sentou--se ao lado do quadro e passou o tempo todo a olhar para *mim*.

O sr. Sanguessuga ficou de pé em frente da turma. Era um homem muito pálido e tinha uma longa capa negra e um chapéu alto que também era preto. A stora Barata apresentou-o e disse que era um mágico – o que se calhar só queria dizer que ele sabia fazer truques com cartas e tirava coelhos da cartola em festas de miúdos.

Grande BOCEJO!

O sr. Sanguessuga tirou o chapéu alto e começou a remexer lá dentro.

Estava à espera que ele tirasse lá de dentro um coelho ou uma corda de lenços coloridos. Por isso fiquei tão surpreendido como os meus colegas quando ele parou de remexer, deu uma pancada no fundo do chapéu e, de lá de dentro, saiu uma grande nuvem de morcegos!

Houve umas raparigas que gritaram, a stora Barata ficou de boca aberta e o resto do pessoal ficou a olhar espantado enquanto os morcegos iam voando à volta da sala, a bater as asas e a gritar muito alto.

Aquilo era mesmo muito *melhor* do que batatas!

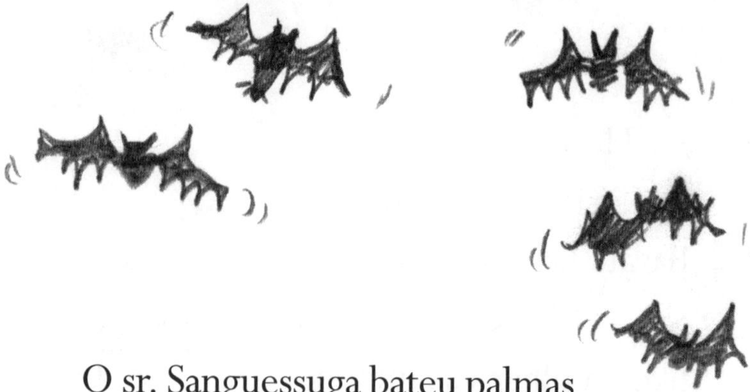

O sr. Sanguessuga bateu palmas duas vezes e os morcegos juntaram-se à volta da cabeça dele numa grande nuvem negra de asas a bater. Então, fez estalar os dedos e os morcegos desapareceram numa grande baforada de fumo roxo.

A turma começou a bater palmas e a dar vivas. Até a stora Barata bateu palmas. Não disse nada, mas estava a sorrir, o que não era nada normal na stora e parecia muito estranho!

– Perrrrfeito! – disse o sr. Sanguessuga, com um sotaque esquisito. – O que eu querrria errra terrr a vossa atenção!

A stora Barata continuou a bater palmas depois de toda a gente parar, até que o mágico olhou para ela com um ar sério e a stora pousou logo as mãos no colo. Nunca tinha visto a minha directora de turma tão entusiasmada – devia ter percebido logo que alguma coisa estava errada.

– Para o meu prrró-ximo trrru-que de magia prrreciso de um voluntárrrio – disse o sr. Sanguessuga.

Toda a gente pôs imediatamente a mão no ar, até a stora Barata. Fui o único a não pôr, porque estava perturbado com o que se via no reflexo da janela.

Quer dizer, com o que não se via.

Lá fora estava um tempo cinzento e nublado e, como havia muita luz na nossa sala, a turma estava toda reflectida na janela. Eu via a stora Barata, via a secretária da stora Barata, via o quadro, via os outros miúdos todos de mão no ar (e eu sem estar de mão no ar), mas não conseguia ver o sr. Sanguessuga!

O mágico não tinha reflexo!

Quando voltei a olhar para dentro, tinha o sr. Sanguessuga colado a mim, o que me pregou um grande susto. Estava tão preocupado em olhar para a turma pelo reflexo da janela que nem o vi a aproximar-se todo sorrateiro da minha mesa.

– TU! – disse o mágico, apontando para mim com um dedo ossudo e pálido. – Tu vais ajudarrr-me no meu prrróximo trrruque fabuloso!

GLUP!

Com a stora Barata sempre a olhar para mim, lá fui sem vontade para a frente da turma com o sr. Sanguessuga. Voltei a olhar para a janela, para ter a certeza de que não tinha imaginado a falta de reflexo do mágico. Não, ali estava eu a caminhar sozinho e com um ar preocupado.

Fiz logo uma lista na minha cabeça:

Pele pálida.

Um chapéu cheio de morcegos.

Uma capa preta.

Um sotaque esquisito.

Sem reflexo!

É UM VAMPIRO!

Tudo apontava para um vampiro, mas os vampiros não podem sair à rua durante o dia ou transformam-se em pó (mesmo num dia cinzento e nublado). Por isso, o sr. Sanguessuga tinha de ser outra coisa.

O mágico pôs-se em frente da turma e deu-me para a mão um relógio antiquado pendurado numa corrente de prata.

– Segurrra isto e valança de um lado parrra o outro! – exclamou ele.

– Valançar? – perguntei eu porque não percebi o que ele queria dizer.

– Sim, valança, valança! – respondeu ele, todo zangado, mexendo com a mão para a frente e para trás.

– Ah, quer dizer *balançar*? – disse eu.

– Sim, valançar! – resmungou ele. – Foi isso que eu disse!

Peguei na corrente e deixei o relógio balançar de um lado para o outro porque não vi que mal é que isso podia ter. E enquanto o sr. Sanguessuga dizia a todos parrra fixarrem o rrrrelógio a valançar e não oferrecerrrem rrresistência, olhei em volta à procura de pistas que me dissessem o que é que ele era.

Por baixo da secretária estava uma mochila preta. Por isso, enquanto o sr. Sanguessuga estava ocupado a dizer ao

resto da turma para se concentrarem no relógio, fui avançando aos bocadinhos até conseguir dar um pontapé na mochila.

A mochila caiu e de lá de dentro saiu uma embalagem de plástico que veio parar aos meus pés. Fiquei de olhos esbugalhados ao ler o rótulo. Era protector solar. Factor 60! Ecrã *total*!

Deixei cair o relógio, respirei fundo e comecei aos berros:

– O MÁGICO NÃO É UM MÁGICO A SÉRIO, É UM VAMPIRO E SÓ NÃO SE DESFEZ EM PÓ PORQUE TEM MONTES DE PROTECTOR SOLAR!

Ora bem, quando digo alguma coisa do género aos berros (o que acontece

muitas vezes), os outros miúdos desatam a gritar, ou então riem-se porque acham piada, ou então eu apanho um sermão por andar a inventar histórias. Às vezes até acontece os outros miúdos gritarem e rirem-se, e alguém me prega um sermão, tudo ao mesmo tempo.

Mas desta vez não aconteceu nada.

Olhei em volta e reparei que os meus colegas tinham todos um olhar especado e vazio. Depois virei-me para a stora Barata, que de certeza havia de dizer alguma coisa

por causa dos meus berros, mas ela também estava de olhar especado e vazio.

Acenei com a mão para chamar a atenção da stora Barata, embora ela nem tenha pestanejado.

– HA HA HA HA! – ecoou a gargalhada do vampiro, que lançou os braços ao ar e, com um ar todo teatral, começou a bater com a capa como

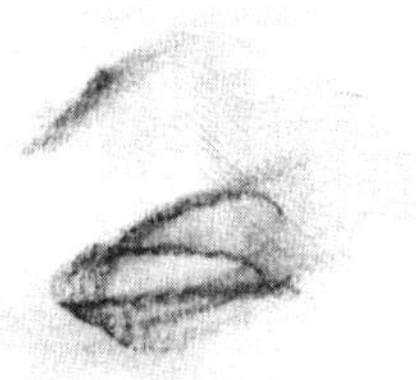

se fossem asas (os vampiros costumam andar às voltas com um ar todo teatral a bater com a capa como se fossem asas – devem achar que assustam as pessoas, mas aquilo é ridículo).

– O que é que fez aos meus colegas? – perguntei eu, começando a recuar devagarinho.

– Estão sob o efeito do meu feitiço – disse o vampiro com uma voz fanhosa.

– O que é que quer fazer com eles? – inquiri eu para ganhar algum tempo e arranjar forma de fugir.

– Vão serrr meus escrrravos, é clarrro! – respondeu o sr. Sanguessuga. –

O meu castelo, na Transilvânia, é muito grande e não se arruma sozinho, percebes!

– Então o sr. Sanguessuga é *mesmo* um vampiro – afirmei eu, porque os vampiros costumam viver na Transilvânia.

O sr. Sanguessuga disse que sim com a cabeça.

– E a stora Barata? – perguntei eu. – Ela é muito velha para ser escrava.

– Hummm – disse o vampiro, olhando para a stora Barata de sobrolho franzido. – Acho que a tua professorrra vai serrr o meu crrriado pessoal. Infelizmente, o meu

último crrriado
teve um acidente
e eu tenho andado
à prrrocura de quem
o substitua.

– Mas ela não é um homem – disse eu, julgando que, para alguém ser criado e não criada, não podia ser mulher.

O vampiro pensou no assunto, pegou num marcador do quadro e aproximou-se da stora Barata. Baixou-se e desenhou-lhe um grande bigode preto e encaracolado na cara.

– Prrronto, assim está melhorrr – comentou ele dando um passo atrás para admirar a sua obra.

A stora Barata ficava mesmo cómica com um bigode preto desenhado na cara, mas não tive tempo para me rir porque estava preocupado com outra coisa.

A stora Barata ia ser um criado com um bigode desenhado na cara.

Os outros miúdos da turma iam ser escravos.

Só sobrava uma pessoa.

– E eu? – perguntei, começando a recuar até bater na secretária da stora Barata.

O vampiro coçou o queixo, todo pensativo, e depois sorriu, revelando os seus dentes feios pela primeira vez.

– Vou sugar-te o SANGUE! – ecoou a voz do vampiro. – HA HA HA HA!

De repente, o vampiro abriu ainda mais os seus olhos vermelhos e a boca também. Depois levantou a capa e lançou-se sobre mim como uma grande águia negra sobre um coelhinho.

Não consegui fugir porque ele era muito rápido e fiquei encurralado contra a secretária. Por isso estiquei o braço e deitei a mão à primeira coisa que encontrei.

O livro de presenças da stora Barata!

Fechei bem os olhos e balancei o livro com toda a força que tinha!

PUMBA!

De certeza que acertei em alguma coisa porque, quando abri um olho para espreitar, vi logo duas coisas. A primeira foi o vampiro de boca aberta, com um ar muito surpreendido e desdentado. A segunda foi uma dentadura de vampiro a voar pelo ar como um míssil e a aterrar no chão com barulho.

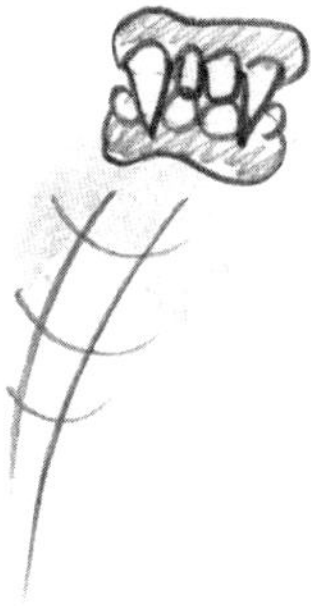

O vampiro ficou atordoado. Eu deixei cair o livro, baixei-me para passar por baixo dele e, como um vampiro sem dentes não nos consegue morder, agarrei muito depressa na dentadura para ele não poder voltar a metê-los na boca.

Depois, pisguei-me da sala o mais depressa que as minhas pernas conseguiram.

Enquanto fugia pelo corredor fora, ouvi alguém a correr atrás de mim com uma capa a esvoaçar. Olhei para trás mesmo a tempo de ver o vampiro dar um salto!

De repente ouviu-se um grande estrondo, vi uma nuvem de fumo roxo e, do meio do fumo, saiu um grande morcego enraivecido.

– ARRRRRGGGGH! – gritei eu, mas então tive uma ideia.

Fiz uma derrapagem para parar ao fundo do corredor e esperei cheio de medo enquanto o morcego se ia aproximando de mim a bater as asas e a gritar. Porém, quando ele se estava a lançar sobre mim, enfiei-me na casa de banho dos rapazes e fechei-lhe a porta na cara.

PUM!

A seguir ao baque ouviu-se logo o chiar de um morcego a deslizar pela porta abaixo.

Corri para a sanita mais próxima, atirei lá para dentro a dentadura e puxei o autoclismo. Enquanto a dentadura ia descendo pelo cano e fazia gluglu, olhei para a minha mão e vi que tinha baba pegajosa de vampiro a escorrer-me dos dedos.

UGH!

Lavei as mãos e depois abri a porta devagarinho e olhei para o chão.

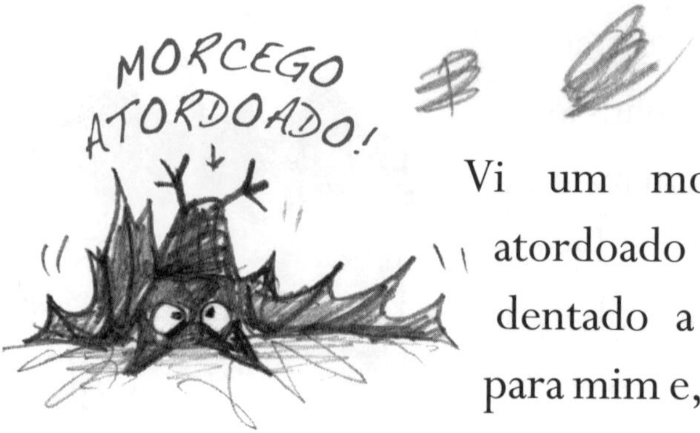

Vi um morcego atordoado e desdentado a olhar para mim e, como um morcego atordoado não assusta grande coisa, agarrei-o por uma asa e arrastei-o para a sala de aulas.

A stora Barata continuava sentada a um canto, com o bigode desenhado na cara e de olhar perdido

no espaço (o que até
era uma certa melhoria
porque, pelo menos,
não estava a resmungar
nem a lançar-me
daqueles ares zangados).
Os outros miúdos da turma
continuavam a olhar
especados e em silêncio
para o quadro (o que havia
de ser uma alegria para a stora Barata se ela não estivesse sentada a um canto da sala, com o bigode desenhado na cara e de olhar perdido no espaço).

Dava para ver que ainda estavam todos sob o efeito do feitiço do vampiro e, como o vampiro ainda estava sob o efeito da porta da casa de banho, puxei-o para cima da secretária e fiquei sentado à espera.

Passado algum tempo, lá se ouviu um estrondito e apareceu uma nuvenzita de fumo roxo. Quando o fumo desapareceu, viu-se o sr. Sanguessuga, o vampiro, pousado na secretária com ar de quem tinha sido arrastado pelo meio de uma sebe, mas às arrecuas.

– HA HA HA HA – dei uma gargalhada porque não consegui evitar.

O vampiro tinha um ar mesmo zangado. Saltou para baixo da secretária e pôs-se de pé ao meu lado, batendo com a capa de forma teatral. No entanto, sem os dentes já não assustava ninguém; quer dizer, até tinha um ar um bocado ridículo.

– Onde estão os meus... – ia ele a perguntar, mas eu interrompi-o.

– Deitei-os pela sanita abaixo – disse eu.

O vampiro deu um suspiro de derrota e depois olhou em volta.

– Bem, ainda tenho os teus colegas e a tua prrrofessora! – riu-se ele, pegou na mochila e pôs o chapéu alto. – Vou mandá-los fazerrrem-me uns dentes maiorrres e mais aguçados e depois volto parrra te apanharrr a *ti*!

O vampiro levantou a mão e fez estalar os dedos.

Todos os que estavam na sala se levantaram de repente, até a stora Barata, e ficaram a

olhar especados para o sr. Sanguessuga, à espera das ordens dele.

O vampiro olhou para mim com um sorriso malandro (o que não é fácil sem dentes), virou-se para a porta e voltou a estalar os dedos. A stora Barata e a turma inteira seguiram-no, levantando-se aos tropeções como se fossem *zombies*.

GLUP!

Como na escola estou sempre a arranjar confusões porque perco os trabalhos de casa ou os livros da biblioteca, sabia que me ia meter em GRANDES sarilhos se perdesse a minha turma inteira e a minha professora. Nem eu havia de acreditar que um vampiro os tinha levado para o seu castelo na Transilvânia. Por isso tinha de ser eu a impedir aquilo.

Tive uma ideia.

Quando a turma inteira estava quase a sair da sala, levantei a mão e fiz estalar os dedos.

Os *zombies* pararam de repente e viraram-se para

mim, o que me assustou um bocado. Voltei a estalar os dedos e todos voltaram para o seu lugar!

O vampiro deu meia-volta todo zangado e fez estalar os dedos!

Todos voltaram a levantar-se.

Eu fiz estalar os dedos e toda a gente voltou a sentar-se.

O vampiro voltou a estalar os dedos e todos voltaram a levantar-se…

Eu estalei os…

Pronto, estás a ver a coisa. Aquilo ainda durou uns minutos e o sr. Sanguessuga foi ficando cada vez mais zangado.

Passado algum tempo, ele lançou-se a mim e, mesmo sem dentes, tinha um ar muito assustador!

Saltei da minha cadeira para fugir e pisei uma coisa pequena e dura que se desfez logo debaixo dos meus sapatos. O vampiro parou e ficou com um ar um bocado preocupado e, quando olhei para trás, percebi porquê.

A turma inteira e a stora Barata estavam normais – tinha-se quebrado o feitiço.

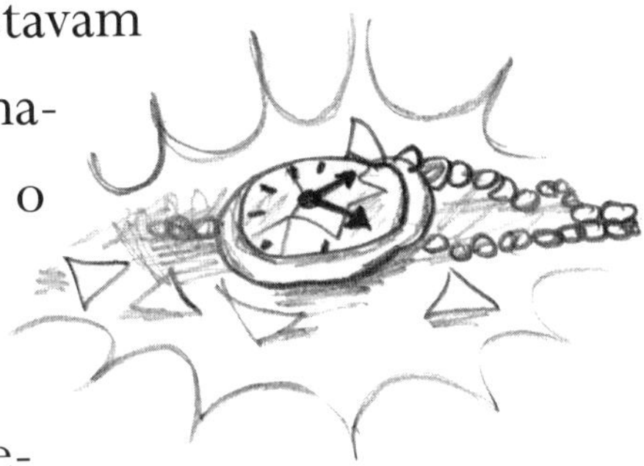

Olhei para o chão e vi o relógio de prata que eu tinha deixado cair. Dava para ver que, ao quebrar o relógio, também quebrei o feitiço porque estavam todos, incluindo a minha professora, com um ar muito confuso.

– O que raio se passa aqui? – gritou a stora Barata.

– O MÁGICO NÃO É UM MÁGICO A SÉRIO, É UM VAMPIRO! TRANSFORMOU-NOS A TODOS EM *ZOMBIES* E EU ATIREI-LHE COM OS DENTES PELA SANITA ABAIXO!

Aqueles meus berros provocaram uma reacção, mas não a que eu queria.

A stora Barata ficou com um ar zangado como eu nunca tinha visto (ainda

mais zangado do que daquela vez em que um ogre lhe comeu a secretária – mas conto-te essa história noutra altura).

A stora estava quase a pregar-me um sermão quando me lembrei de repente de que tinha provas!

– Ele não tem reflexo! – disse eu, antes que a stora pudesse falar. – Olhe para a janela!

A stora fechou um bocado os olhos e virou-se para a janela.

– ARRRRRGGGGGHHH! – gritou ela, olhando para mim com um ar horrorizado.

– Está a ver? – perguntei eu. – Eu não lhe disse? O sr. Sanguessuga é um vam…

– virei-me e reparei que o sr. Sanguessuga tinha desaparecido!

Mas então porque é que stora tinha gritado se o vampiro já se tinha posto a andar?

Será que a minha professora tinha visto outra coisa na janela, alguma coisa muito pior do que um vampiro, algum monstro horroroso que o vampiro tinha feito aparecer antes de se ter posto a andar?

Quando a stora Barata olhou para mim com um ar ameaçador, percebi que ela tinha a resposta às minhas perguntas na cara dela.

A stora viu o bigode que tinha desenhado na cara!

GLUP!

JP
João Pastel
Produções

João Pastel

e as

Diabas Cabeleireiras

– Se não te despachares vais chegar atrasado e temos hora marcada! – disse-me a Mãe toda apressada, agarrando-me pelo braço.

Ela percebeu o meu esquema.

Pensei que, se me fosse arrastando devagar, chegaríamos atrasados ao cabeleireiro e teríamos de marcar para outro dia. Assim eu já tinha tempo de arranjar um esquema a sério para me escapar, como faço sempre.

Desta vez, porém, a Mãe foi matreira. Só soube que ia cortar o cabelo quando ela se lançou a mim no portão da escola e, nessa altura, já era tarde demais. Caí que nem um patinho naquela armadilha de cortar o cabelo e não houve tempo

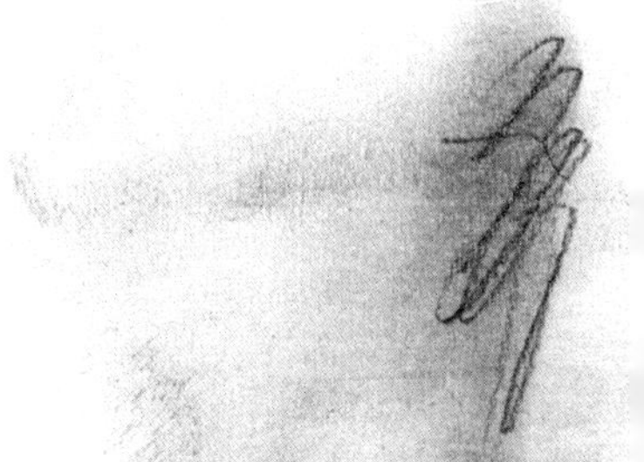

para me pôr a andar nem para arranjar um bom plano de fuga.

A Mãe arranja sempre forma de me cortar o cabelo à maneira dela, todo direitinho e com risco ao lado à totó, e o cabelo demora montes de tempo a ficar mal-arranjado outra vez. Consegui escapar-me às três últimas vezes que ela marcou hora no cabeleireiro, mas a minha sorte tinha acabado e eu estava condenado a ser o miúdo menos fixe da escola.

Tínhamos hora marcada no Salão Saloon, um cabeleireiro com tema do Velho Oeste que a Mãe pensou que ia ser engraçado. E até havia de ser engraçado se não me fossem cortar o cabelo à totó.

A Mãe ficou a vigiar-me enquanto esperávamos na recepção.

Cocei a minha cabeça despenteada e pus-me a pensar.

Achei que a última oportunidade de fugir à tesoura era fingir que me ia sentar quando chamassem por mim, mudar de repente de direcção e desatar a fugir.

– João Pastel? – chamou a cabeleireira que apareceu às portas do salão.

Estava quase a pôr em acção o meu plano de fuga de último minuto quando a Mãe saltou da cadeira como um boneco a sair de uma caixa de surpresas, tapou a saída e dobrou os braços para me desafiar.

– Está aqui – disse ela com um sorriso matreiro – e quer um corte todo direitinho com um belo de um risco ao lado.

A cabeleireira levou-me e a Mãe deu um suspiro de triunfo.

Ela devia andar a planear aquilo há várias semanas!

A cabeleireira era muito alta e magra, tinha nariz comprido e umas sobrancelhas muito grossas. A ajudante era baixa e redonda, com um nariz pontiagudo e sem sobrancelhas nenhumas. As duas tinham coldres de tesouras e usavam chapéus de *cowboy*.

Sentei-me na cadeira e, pelo espelho, vi as duas cabeleireiras a olharem-me para o cabelo.

– Hummm – disseram as duas juntas e aproximaram-se mais.

Olhando para cima, vi dois pares de narinas peludas a mexerem-se enquanto elas trocavam olhares frenéticos,

sussurros e palavras zangadas sobre a minha cabeça. Parecia que estavam a discutir para ver quem me ia cortar o cabelo.

– É meu! – disse a cabeleireira.

– É meu! – disse a ajudante.

– Este é MEU! – resmungou a cabeleireira. – Tu ficas com o próximo!

A ajudante calou-se e fez beicinho.

– Não me importo com quem me corta o cabelo, mas não me façam um corte direitinho – disse eu com esperança.

A cabeleireira e a ajudante olharam-se com má cara como se se tivessem esquecido de que havia uma pessoa sentada por baixo daquela trunfa despenteada. Viraram a cabeça lentamente e olharam para mim no espelho.

– Não estamos a decidir quem te *corta* o cabelo! – explicou a cabeleireira numa voz que parecia um assobio.

– Estamos a decidir quem *fica* com o cabelo cortado! – acrescentou a ajudante com a mesma voz.

– Oh – disse eu e encolhi-me na cadeira.

Os meus olhos saltavam entre a cabeleireira e a ajudante enquanto elas continuaram a discutir. Alguma coisa *muito* estranha se estava a passar por cima da minha cabeça, embora eu não conseguisse perceber o que era.

Quem eram aquelas cabeleireiras com chapéu de *cowboy* e porque é que estavam a discutir quem ficava com o que cortassem da minha trunfa?

– É para mim! – gritou a cabeleireira, e espetou o dedo no peito da ajudante.

– É para mim! – berrou a ajudante, e bateu no nariz comprido da cabeleireira.

– É para mim! – exclamou a cabeleireira, e empurrou o nariz pontiagudo da ajudante.

De repente, a
ajudante esticou
o braço e tirou
o chapéu à
cabeleireira com
um piparote, e eu
vi que ela tinha
uma careca brilhante
com *dois corninhos espetados*!

A cabeleireira sobressaltou-se e retaliou: deu um piparote no chapéu da ajudante e eu vi que ela também tinha uma careca brilhante, mas só com um *corninho mais largo* no meio da cabeça (como se fosse um rinoceronte bebé)!

Vi logo com quem estava a lidar.

Com DIABAS!

Os diabos estão por *todo o lado* quando se sabe onde procurar. Uma vez encontrei um que vivia na nossa chaminé! Escorracei-o com um atiçador e meti-me em montes de sarilhos por espalhar fuligem por todo o lado (mas conto-te essa história noutra altura).

Uma coisa te posso dizer sobre diabos: para além de serem mesmo, mas mesmo, muito feios, também são mesmo, mas mesmo, muito estúpidos.

Aquelas duas eram tão estúpidas que nem repararam que eu lhes tinha visto os cornos e nem me viram a fugir da cadeira.

E eu tinha conseguido fugir se a Mãe não estivesse a patrulhar a saída.

– Mas elas são DIABAS – queixei-me eu, mas a Mãe continuou a tapar a porta.

– Então, agora são *diabas*, ai é? – a Mãe suspirou e revirou os olhos. – Sinceramente, João! Esta confusão toda por causa de um cortezinho de cabelo!

Eu ia continuar a implorar quando ouvi passos acelerados e apareceram as diabas com os chapéus todos tortos. Lançaram-me um olhar furioso com aqueles olhos maldosos de diabos e ficaram logo todas agitadas quando viram a Mãe.

– Oh, pedimos imensa desculpa, minha senhora – disse a cabeleireira.

– O safadinho conseguiu escapulir-se! – acrescentou a ajudante.

– Não se preocupem, eu já estava à espera de uma tentativa de fuga – disse a Mãe e empurrou-me para junto das diabas. – Talvez seja melhor eu ir convosco para estar de olho nele enquanto lhe cortam o cabelo?

– NÃÃÃOOO! – gritou a cabeleireira toda zangada.

A Mãe ficou sobressaltada e as diabas trocaram olhares preocupados.

– NÃÃÃOOO paga nada! – acrescentou logo a ajudante.

– Como assim? – perguntou a Mãe.

– NÃÃÃOOO se paga nada pelo corte de cabelo hoje – explicou a ajudante, que já estava a olhar para o cabelo da Mãe com grandes olhos interesseiros. – É uma promoção que temos para senhoras com cabelo bonito!

– Com cabelo bonito? – a Mãe sorriu, olhou para um espelho e começou a brincar com uma madeixa. – Acha que tenho cabelo bonito?

– *Muito* bonito – disse a ajudante e babou-se.

– Bem, se calhar preciso de aparar um *bocadinho* as pontas. – A Mãe deu uma risadinha,

toda feliz com o elogio. – Se não lhe der muito trabalho.

– Não dá trabalho nenhum – disse a ajudante com um sorriso amarelo.

– Mas elas são DIABAS! – suspirei eu.

– Já chega, João – disse a Mãe, empurrando-me para o salão. Enfiou-me na cadeira e olhou para mim no espelho. – E vou estar sempre de olho em ti. Por isso porta-te bem – avisou-me ela.

GLUP!

Enquanto a diaba ajudante penteava e dava umas tesouradas no cabelo da Mãe na outra ponta do salão, a diaba cabeleireira coçava o queixo com uma mão e remexia a minha trunfa despenteada com a outra.

– Para que é que vocês querem o cabelo? – perguntei eu porque estava curioso.

– Vou picá-lo bem picadinho e colá-lo na minha cabeça! – disse a cabeleireira, como se fosse a coisa mais natural do mundo.

– Ah... porquê? – perguntei eu com o sobrolho franzido.

– Porque o chapéu me está sempre a cair – disse a diaba de uma maneira muito prática.

– Oh – disse eu. Ela tinha um ar tão feroz que eu não disse mais nada.

Eu já devia ter percebido. Os diabos costumam disfarçar-se de humanos.

Roubam roupa dos estendais e usam chapéus para esconder os cornos. As cabeleiras fazem-lhes comichão, o que os denuncia sempre. Por isso o cabelo verdadeiro era a melhor coisa que podiam arranjar.

A cabeleireira estava a coçar o queixo quando a ajudante voltou a aparecer.

Pelo espelho vi que a Mãe ainda continuava sentada no outro lado do salão. Estava com a cabeça metida num grande secador, a ler uma revista. Não cheguei a ver o que a ajudante fez ao cabelo da Mãe, mas ela parecia estar contente.

A Mãe viu-me a olhar para ela e acenou-me com a mão – acenou devagarinho como quem ainda me estava a vigiar.

GLUP!

– O meu cabelo novo vai ficar lindo quando estiver arranjado! – disse a

ajudante e deu saltinhos de alegria. – E quando eu o cortar e o colar na minha cabeça, vou ficar muito *mais* bonita do que tu! – acrescentou ela, rindo-se da cabeleireira.

A diaba cabeleireira lançou um olhar furioso à ajudante.

– Queres apostar? – perguntou ela.

A ajudante foi para uma sala das traseiras e a cabeleireira começou a trabalhar que nem uma doida na minha trunfa despenteada com aqueles dedos compridos e ossudos. Com uma determinação sinistra, a cabeleireira levantou-me o cabelo, apanhou e torceu madeixas, esculpindo e dando forma ao cabelo como se fosse um grande ninho marado.

De vez em quando, a ãe olhava para mim por cima da revista, mas era só para ver se eu não tinha fugido.

ão prestou atenção às coisas terríveis que me estavam a acontecer na cabeça!

A diaba e me alguns caracóis e umas tranças. Fiquei com dois totós no cimo e outros tufos espetados no resto da cabeça.

No fim, quando já tinha tratado de todos os fios de cabelo, a diaba cabeleireira agarrou numa grande lata de laca e lançou-me uma grande nuvem mal-cheirosa para cima do cabelo.

Deu um passo atrás para admirar a sua obra.

Olhei com um ar carrancudo para a escultura horrível de cabelo que tinha na cabeça.

Mas, pensando bem, achei que já não me podia fazer mais nada de mal ao cabelo porque já não lhe sobrava cabelo para pentear.

– Hummm – disse a diaba, olhando em volta.

De repente, sorriu ao ver um carrinho com coisas para pôr no cabelo – laços, fitas e flores de plástico.

GLUP!

Puxou o carrinho para perto da cadeira onde eu estava e começou a colocar laços, fitas e flores de plástico no meu penteado horrível. Enfiou-me no cabelo todos os que conseguiu e, quanto mais a minha cabeça ficava pesada, mais ela sorria que nem uma maluca.

Passado algum tempo, voltou a recuar para apreciar a sua criação.

– Perfeito! – comentou ela baixinho.

Olhei pelo espelho para a Mãe, com esperança de que ela visse o grande penteado de menina que eu tinha na cabeça e perguntasse o que se passava, mas ela tinha adormecido com o calor do secador.

Grande vigilância que ela estava a fazer!

Com a mãe ferrada a dormir podia ter-me pisgado, mas eu não queria andar na rua com aquelas CENAS na cabeça, o que estragava tudo. Quer dizer, o meu cabelo metia tanto medo que eu não me importava de o rapar para me livrar daquilo tudo – embora não tenha gostado muito da ideia de uma diaba andar com o meu cabelo colado na cabeça!

Tinha de haver outra solução.

A diaba voltou a aproximar-se da minha cadeira, riu-se com maldade, sacou uma máquina de cortar cabelo do coldre e pô-la a funcionar!

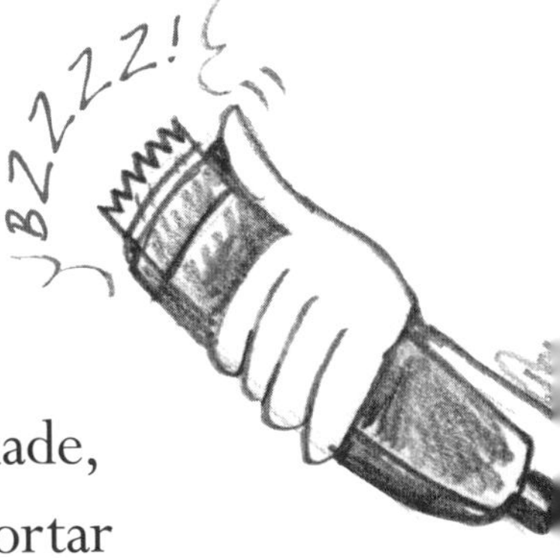

– Está na altura de colher o meu novo cabelo bonito! – guinchou ela toda animada.

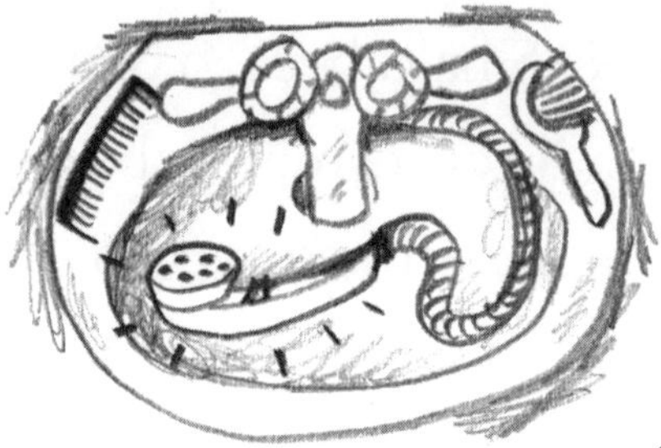

Quando a diaba cabeleireira se inclinou para me cortar o cabelo, olhei em volta desesperado.

Reparei no lavatório que tinha à minha frente e, de repente, tive uma ideia. Rápido como um relâmpago, agarrei na cabeça do chuveiro e liguei-a virada para o meu cabelo…

– FFFFCHHHHH!

Os caracóis e as tranças saltaram-me do cabelo com aquele grande jacto de água e logo depois caíram os laços, as fitas e as flores de plástico. Saltaram-me da cabeça um atrás do outro e foram cair em cima da diaba, que ficou toda assustada.

– ARRRRRGGGGHHH! – gritou ela.

Mas eu acho que ela gritou por ver como ficou o meu cabelo.

O grito fez com que a ajudante aparecesse a correr das traseiras da loja. Trazia na mão um pincel todo pegajoso e já tinha metade da cabeça e do corno cobertos com cola!

Quando viu a cabeleireira encharcada e a minha trunfa molhada, a diaba ajudante também começou a gritar. Estava, no entanto, a gritar de riso.

A diaba cabeleireira virou-se lentamente e dilatou as narinas peludas.

– ARRRRRGGGGHHH! – voltou ela a gritar, mas agora era de raiva.

De repente, a cabeleireira deu um salto e atirou-se às costas da ajudante! Para se segurar, agarrou-se ao corno, que tinha cola, e ficou logo presa.

Com aquele chapéu na cabeça, a diaba cabeleireira parecia mesmo um *cowboy* a cavalgar um rinoceronte bebé. As duas diabas andaram a lutar pelo meio do Salão Saloon, coladas uma à outra, a uivar e a rosnar que nem umas doidas.

Aquilo tinha mesmo muita piada.

A Mãe estava a olhar especada e de boca aberta para as diabas. Virou-se logo para mim com os olhos meio fechados – eu conhecia aquele olhar.

Aquele olhar queria dizer que eu ia apanhar com as culpas por tudo!

A Mãe saiu do secador e veio a correr ter comigo.

– Que raio é que tu andaste a fazer? – quis ela saber.

Estava quase a deixar escapar qualquer coisa sobre diabas que colavam cabelo na cabeça, mas fiquei a olhar para a Mãe com um ar muito preocupado.

– Ahh… Mãe… – disse eu.

– Que foi? – disse ela zangada por eu ter mudado de assunto.

– Já te viste ao espelho? – perguntei eu.

– Se já me vi ao espelho? – perguntou ela com o sobrolho franzido. – Não, mas…

A Mãe reparou de repente no reflexo que fazia no espelho e até lhe caiu o queixo.

– ARRRRGGGGHHHH! – gritou ela.

Os diabos metem mesmo medo – mas não metem tanto medo como a Mãe quando está zangada. E quando a Mãe olhou para o espelho e viu que estava com o cabelo no ar, todo frisado e despenteado, ficou fula como eu NUNCA a tinha visto (quer dizer, ela estava MESMO fula)!

Enquanto a Mãe estava ocupada a tentar acertar com a carteira

nas diabas que continuavam a lutar coladas uma à outra, penteei num instante o meu cabelo molhado, para ficar todo direitinho e com uma risca ao lado à totó, e pus as partes despenteadas para trás das orelhas.

Não fiquei com um ar nada fixe.

Virei-me mesmo a tempo de ver duas diabas aterrorizadas a fugirem pela porta o mais depressa que conseguiam as pernas curtas da ajudante.

Pelos vistos, não havia cabelo que justificasse apanhar uma coça da Mãe e lá foram elas a fugir pela rua adiante (o que deve ter assustado algumas pessoas!).

A Mãe respirou fundo, vestiu o casaco e pôs a carteira ao ombro.

– Vamos lá embora! – disse ela calmamente.

Ao sair do Salão Saloon, vi um chapéu de *cowboy* caído no chão. A diaba que estava a cavalgar o rinoceronte bebé teve de se baixar para passar pela porta e ficou sem chapéu.

Apanhei-o e ofereci-o à Mãe.

– Podes pôr o chapéu só por um bocado? – perguntei eu e fiz uma cara feia porque o cabelo da Mãe metia medo.

A Mãe olhou para o chapéu, voltou a espreitar para o espelho e enfiou logo o chapéu na cabeça.

– Bem, pelo menos, 'tás com um ar limpinho, pá – suspirou ela e fez-me uma festa na cabeça molhada.

Se a Mãe percebeu que eu me escapei ao corte de cabelo à totó, não disse nada, nem voltou a marcar hora no cabeleireiro, pelo menos durante algum tempo. Andou muito ocupada noutros cabeleireiros a tentar desfazer o penteado que lhe fizeram as diabas.

UFA!

É claro que a Mãe não sabia que tinha lutado com duas diabas – ela pensou que tinha lutado com duas más cabeleireiras. Mas, de qualquer maneira, a Mãe conseguiu assustar as diabas e expulsou-as para fora da cidade.

E eu não era o miúdo menos fixe da escola.

JP
João Pastel
Produções

João Pastel

e o

Castelo Assombrado

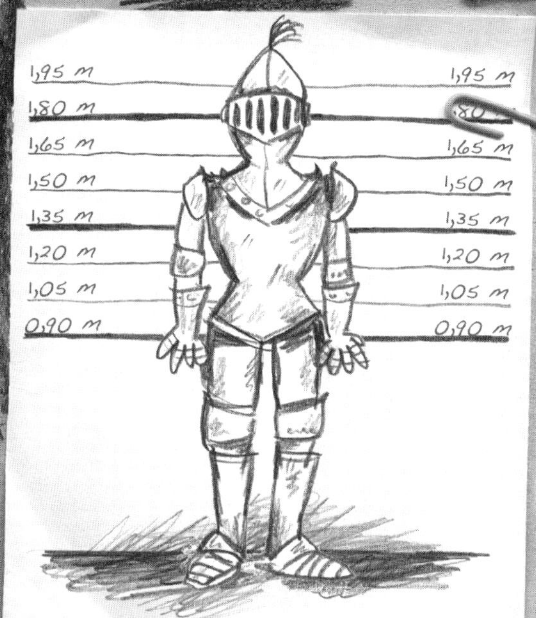

A Mãe e o Pai costumam levar-me para a praia nas férias do Verão. Este ano a Mãe recusou-se a ir porque disse que tinha muitas memórias más e não se sentia à-vontade para aparecer por lá.

– E escusas de ficar com esse ar, meu menino – disse ela ao olhar-me pelo retrovisor. – A culpa é toda tua!

A verdade é que no ano passado eu meti-me em montes de sarilhos por causa de um monstro das areias. A história acabou comigo, a Mãe e o Pai a sairmos da praia com escolta da polícia porque, diziam eles, eu estava

a aterrorizar as outras pessoas (não era eu, era o monstro das areias, mas conto-te essa história noutra altura).

Este ano vamos passar um fim-de-semana num castelo, que é uma cena que até parece divertida – mas não é tão divertida como andar a mergulhar no mar. Por isso, fui amuado no assento de trás do carro durante as duas horas da viagem.

Quando lá chegámos continuei amuado porque, afinal, o castelo não era nada divertido! Não tinha masmorras, nem armaduras, e não havia nada para os miúdos fazerem. Aquilo era um grande hotel em forma de castelo e, ainda por cima, não tinha televisão.

E como ficava no meio do nada, eu nem sequer podia chatear a Mãe e o Pai para me levarem ao cinema ou a um salão de jogos.

Fiquei ali encalhado durante o fim-de--semana todo sem nada para fazer.

No primeiro dia não aconteceu grande coisa.

A Mãe andou pelos jardins do castelo e ficou toda animada com as roseiras. O Pai andou atrás da Mãe com um guia na mão, a apontar para estátuas e para outras coisas que eles achavam interessantes. E eu ia-me arrastando atrás deles e bocejava o mais alto que conseguia.

Ao fim do dia, a Mãe confessou que já estava farta dos meus amuos. Disse que se eu não tinha interesse em todas as coisas fabulosas que havia no castelo, que podia ir para a cama – e então mandou-me para o quarto.

E foi *aí* que as coisas ficaram *finalmente* interessantes.

Estava eu sentado na cama a ler à luz de uma lanterna (porque não estava cansado e não havia mais nada para fazer) quando ouvi um barulho estranho debaixo da cama.

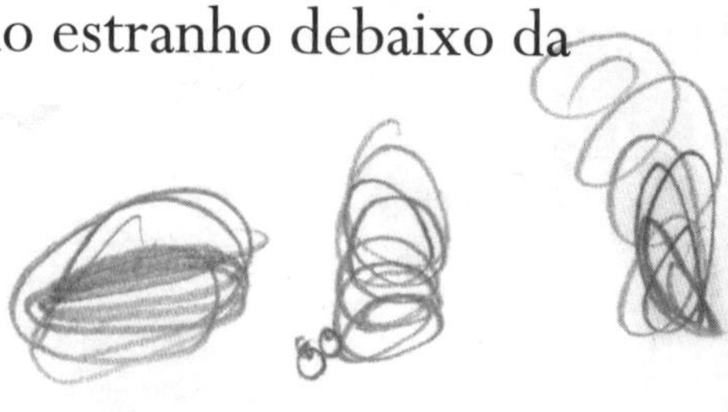

Fechei o livro e fiquei atento até que ouvi outra vez o barulho.

Clang, Clang, Clang!

Como não era um *grunhido*, nem um *grito* (o que havia de ser mesmo assustador naquele castelo antigo e sinistro), espreitei para debaixo da cama e apontei com a lanterna para ver o que era.

Mas não havia nada debaixo da cama a não ser

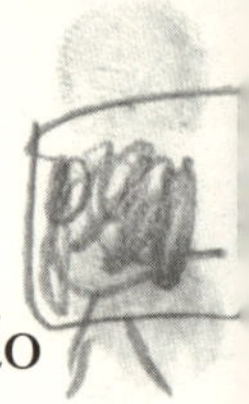

umas bolas de cotão e as bolas de cotão não fazem *clang* (quer dizer, eu até acho que as bolas de cotão não fazem barulho nenhum).

Encolhi os ombros e pensei que não era nada, quando ouvi outra vez o barulho, mas desta vez vi que as bolas de cotão se mexeram com uma corrente de ar e que estava uma coisa presa ao chão.

Desci para o chão e meti o braço debaixo da cama. Afastei o pó e vi que havia um bocado de corda preso a um alçapão velho!

Até gostava de dizer que parei um bocado para pensar e que ainda me passou pela cabeça não investigar o barulho, para não me meter em sarilhos (em especial depois do que aconteceu nas férias do ano passado). Mas estava a apanhar uma seca TÃO grande, que achei que não tinha grande escolha.

Puxei pela corda e o alçapão rangeu ao abrir.

Prendi a porta com o meu livro e deslizei para baixo da cama.

Apontei a lanterna para o buraco escuro e vi uns degraus de pedra. Os degraus davam para um corredor que passava mesmo por baixo do meu quarto.

CLANG, CLANG, CLANG!

O som fez-me dar um salto. Com o alçapão aberto, o barulho parecia muito mais alto e ecoava no corredor. Senti-me tentado a fechar o alçapão e a esquecer que tinha ouvido barulhos. O corredor era muito escuro, qualquer coisa podia estar escondida lá em baixo.

Mas depois lembrei-me da seca que apanhei o dia inteiro e achei que precisava mesmo de fazer umas explorações.

Se calhar eram só alguns canos velhos e enferrujados que estavam a fazer aquele barulho.

Quando cheguei ao último degrau, parei e apontei a lanterna para o corredor (só para ter a certeza de que não estava nada lá escondido). O corredor parecia não ter fim e a luz da lanterna era muito fraca para ver o que havia mais ao fundo.

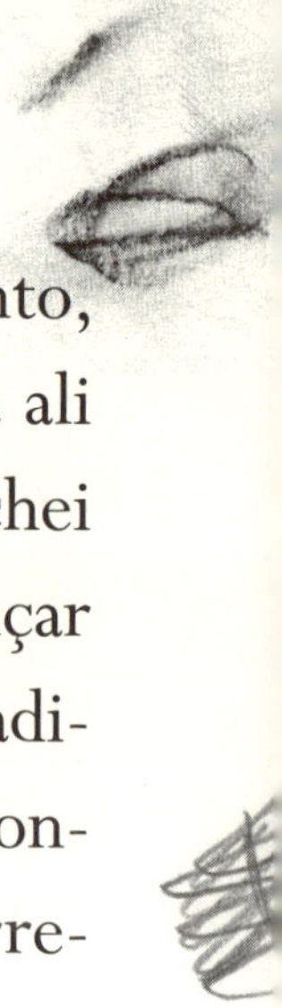

No entanto, como já estava ali em baixo, achei que podia avançar mais um bocadinho para ver aonde ia dar o corredor.

Parecia que já estava a andar há montes de tempo quando de repente apareceu uma curva apertada para a esquerda e, ao virar, dei com uma grande porta de madeira.

CLANG, CLANG, CLANG!

Saltei para trás com o susto e deixei cair a lanterna. Mal bateu no chão de pedra, ouvi a lâmpada a partir-se e a luz apagou-se.

GLUP!

Olhei em volta e reparei que o túnel não estava tão às escuras como eu pensava. Do outro lado da porta, vinha uma luz que passava pelo buraco da fechadura e por entre as falhas da madeira.

Achei que tinha descoberto um túnel que dava para a cozinha do castelo ou outra cena chata do género, e que o barulho devia ser das panelas. Por isso espreitei pelo buraco da fechadura.

Bem, aquilo não era mesmo a cozinha!

Ainda não tinha visto a cozinha, embora tivesse a certeza de que havia de ter lâmpadas como o resto do castelo. Mas aquela sala era iluminada com dois archotes que estavam pousados em suportes de ferro da parede!

Pelo buraco da fechadura não dava para ver muito mais e eu ainda não sabia o que fazia aquele *clang*, mas também não queria voltar para trás sem a lanterna.

Respirei fundo, levantei a tranca e empurrei a porta.

De repente vi uma grande figura de metal a correr na minha direcção com um machado gigante nas mãos!

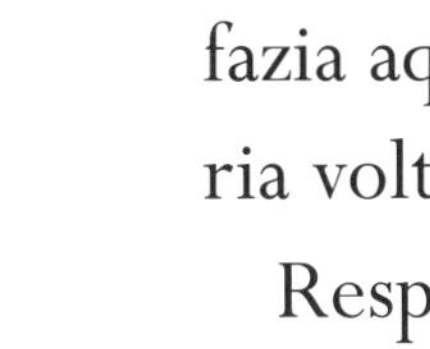

– ARRRRRGGGGGHHH! – gritei eu quando o machado se foi enfiar na madeira que estava por cima da minha cabeça.

Olhei para o cavaleiro de armadura (que já não era lá muito brilhante – era baça, tinha montes de pó e parecia que estava enferrujada nas dobradiças). Mas o cavaleiro não olhou para baixo. Se calhar não podia olhar para baixo porque o pescoço da armadura estava cheio de ferrugem.

Ou então não me tinha visto. O cavaleiro arrancou o machado da ombreira da porta e voltou para trás a cambalear, batendo nos móveis que havia pelo caminho. Como parecia que também não conseguia dobrar os joelhos, era semelhante a um grande *zombie* de metal.

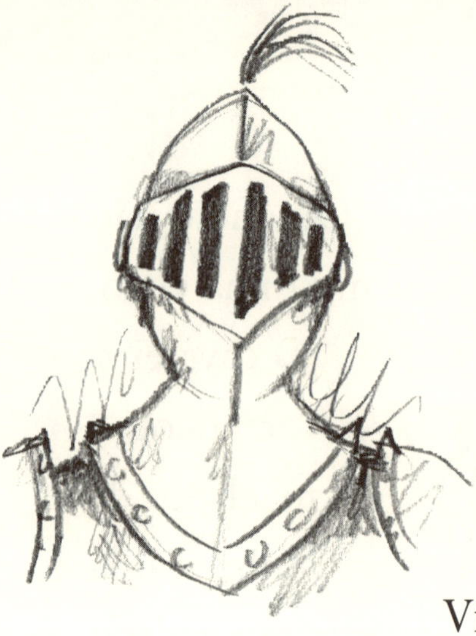

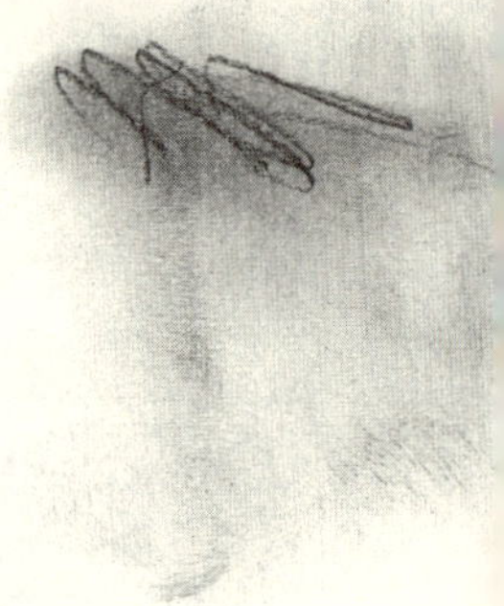

A sala tinha o aspecto de um salão de banquetes. Vi uma mesa muito comprida com pratos e taças de metal. Mas não havia comida, estava tudo coberto de pó e de teias de aranha. Nas paredes havia brasões e tapeçarias e, ao fundo, um armeiro com lanças e espadas.

– Olá! – gritei eu e nessa altura o cavaleiro foi contra a parede com um grande *CLANG!*

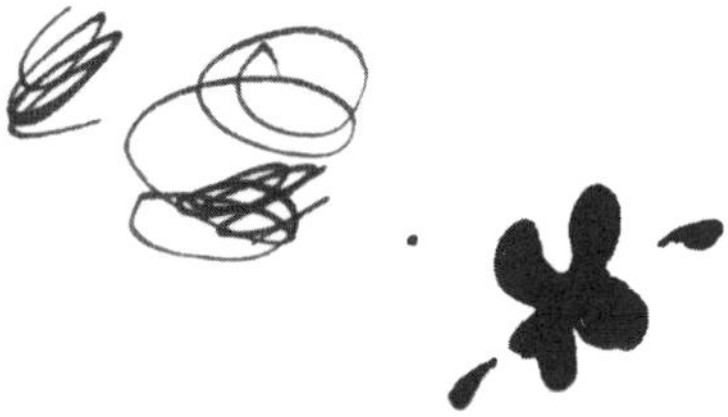

O cavaleiro estava quase a cambalear noutra direcção, mas parou de repente e lá arrastou os pés para se virar para mim (o que ainda demorou algum tempo).

– És um actor? – perguntei eu porque o Pai me tinha dito que às vezes vinham actores ao castelo, vestidos com roupas antigas, fazer espectáculos medievais para os hóspedes (a Mãe disse que gostava de fazer de donzela em apuros, mas não percebi muito bem o que era).

– Mmmf mmm mttt-tssss! – disse o cavaleiro, mas eu não consegui perceber o que ele disse porque ficou tudo abafado dentro do elmo.

– Hã? – disse eu e aproximei-me mais dele. – Não percebi.

– Mmmf mmm mttttssss! – voltou a balbuciar o cavaleiro, todo impaciente. Tentou apontar para o elmo e, com o esforço, quase caiu.

Olhei com mais atenção e reparei que as dobradiças estavam presas com a ferrugem

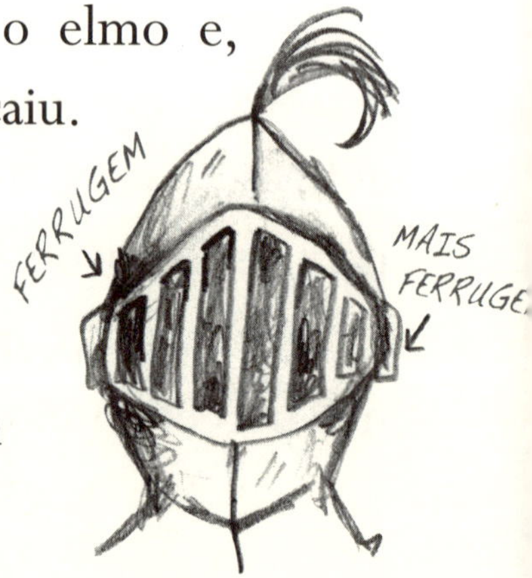

e que a grade do elmo estava tapada com pó e teias de aranha. Percebi logo que ele não conseguia ver nada e por isso é que andava contra as coisas.

De repente, pensei que um cavaleiro que andava com uma arma e não conseguia ver nada não era lá muito boa ideia. Por isso arranquei-lhe o machado da mão e pousei-o na mesa (era mesmo pesado e fez barulho ao pousar).

O cavaleiro resmungou, mas eu fiz de conta que não ouvi. Disse-lhe para ficar quieto e fui ao armeiro para ver se encontrava alguma coisa com que abrir o elmo. Em vez disso, encontrei uma lata de sebo e um farrapo velho, o que era ainda melhor.

Puxei um banco para perto do cavaleiro, subi e comecei a esfregar sebo para tirar a ferrugem. Levei algum tempo, mas lá consegui soltar a grelha e abri-a.

– ARRRRRGGGGGHHH! – exclamei eu, enquanto caía do banco.

Não fazia ideia do que ia encontrar dentro do elmo – mas estava mesmo à espera de encontrar *alguma coisa*! Em vez disso, só encontrei algumas teias de aranha pegajosas.

O cavaleiro não tinha cabeça!

Pensando bem, o *CLANG, CLANG, CLANG* parecia bastante oco – o que se calhar queria dizer que ele também não tinha corpo!

Por isso fiz o que qualquer pessoa esperta teria feito – desatei a correr na direcção do túnel e não quis saber que estava às escuras!

De repente, o cavaleiro falou com uma voz fininha e estranha que parecia vibrar e fazer eco na armadura.

– Mil perdões – disse ele. – Não tinha a intenção de te pregar um susto.

Parei antes de chegar à porta e olhei para trás.

O cavaleiro acenou-me com a mão: quer dizer, tinha o elmo virado para mim e a manopla rangia ao abanar de um lado para o outro, o que me pareceu muito amistoso. E, como já não tinha machado, não havia razão para ter medo.

– És um fantasma? – perguntei eu porque quando não se tem certeza é sempre melhor perguntar.

– Hum, sou – respondeu o fantasma. – Acho que sim.

– Então porque é que não te vejo? – inquiri eu. Porque já tinha visto outros fantasmas e este era o primeiro fantasma que eu via... mas que não conseguia ver!

A armadura encolheu os ombros da forma que conseguiu, o que não pareceu um encolher de ombros e fez muito barulho de metal a roçar em metal.

Por essa altura já eu estava mais curioso do que assustado com o fantasma que não conseguia ver. Por isso voltei para perto dele para o ver melhor. Voltei a subir para o banco, segurei-me ao elmo

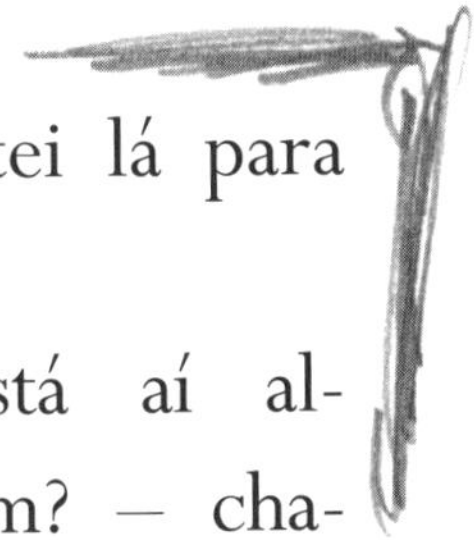

e espreitei lá para dentro.

– Está aí alguéééém? – chamei eu para dentro da armadura vazia, ouvindo de imediato a minha voz ecoar na barriga e nas pernas da armadura.

– Por favor, não faças isso – pediu o cavaleiro, e eu senti a voz dele tão perto da minha cabeça que até dei um salto.

– Desculpa – disse eu, apercebendo-me que gritar para dentro da armadura do cavaleiro não era lá muito simpático.

– Achas que podes esfregar sebo nas minhas dobradiças? – perguntou o cavaleiro. – Acho que enferrujei desde que me deixaram de limpar e agora não consigo mexer-me tão bem.

– Não podes sair da armadura? – perguntei eu, porque os fantasmas até costumam conseguir atravessar paredes e outras cenas. Eu não percebia porque é que a armadura era um problema.

– Infelizmente, não – disse o fantasma, puxando a grelha para baixo com um *clang*. – Parece que estou preso a ela. Há

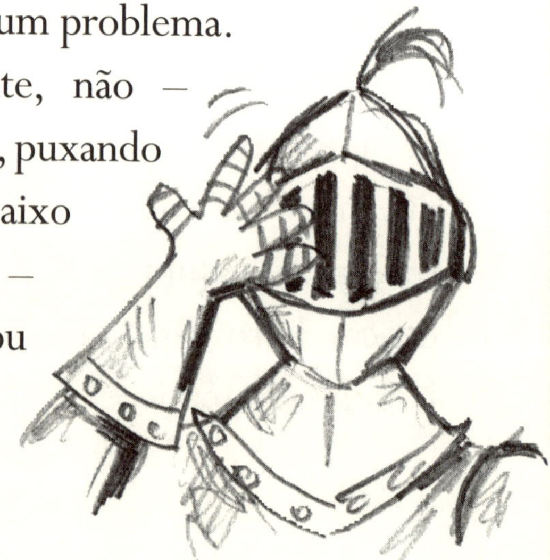

fantasmas que assombram um castelo inteiro, mas eu só consigo assombrar a porcaria desta armadura.

– Não consegues assombrar o castelo *dentro* da armadura? – perguntei eu, enquanto esfregava sebo com o farrapo nos joelhos e nos cotovelos de metal para os soltar. – Era muito fixe! E se andasses com o machado, ainda era melhor.

– Oh, era o que eu fazia, meu rapaz, e era mesmo divertido – riu-se o fantasma. – Mas depois houve um dia em que o meu elmo enferrujou e deixei de conseguir sair desta sala secreta. Tenho estado aqui preso desde essa altura.

– As pessoas já te devem ter ouvido a tentar sair – disse eu. – Eu ouvi.

A armadura voltou a encolher os ombros, mas desta vez já foi como deve de ser porque os ombros já se mexiam à-vontade.

O fantasma até se engasgou de alegria.

– Já me consigo mexer! – disse ele e estendeu os braços e começou a balançá-los (até me lembrou a Mãe a fazer aeróbica).

– Muito obrigado! Posso fazer alguma coisa por ti para te agradecer?

– Bem… – disse eu, e pus-me a coçar a cabeça para fingir que estava a pensar, mas soube logo o que queria. – Podes fazer uma coisa, se não te importares.

– Sou o teu humilde servidor – respondeu o cavaleiro, fazendo uma vénia sem dificuldades.

– Mas primeiro temos de arranjar maneira de te tirar daqui. – disse eu.

A armadura olhou para as paredes, coçou o elmo com as manoplas de metal e depois disse para nos aproximarmos de uma delas. Foi contando as pedras, mexendo a cabeça ao mesmo tempo e, depois, deu um passo em frente.

– Não consigo atravessar paredes! – disse eu, meio engasgado.

– Nem eu – disse o cavaleiro. Estendeu o braço e empurrou uma das pedras, que deslizou para dentro da parede. De repente, uma grande parte da parede abriu com um rangido como se fosse uma porta de pedra gigante.

– Há anos que tento encontrar a pedra certa! – suspirou o cavaleiro. – Mas como a grelha do meu elmo ficou tapada, eu não via nada.

Era isso que explicava o *CLANG, CLANG, CLANG*!

De repente lembrei-me de uma coisa e corri até à mesa.

– Vais precisar disto! – disse eu com o machado na mão.

A porta secreta dava para o átrio principal do castelo e tivemos a sorte de não estar lá ninguém. De certeza que apanhavam um susto ao ver um cavaleiro de machado na mão a sair da parede.

Disse ao cavaleiro para me seguir. Subimos as escadas sem fazer barulho e fomos pelo corredor adiante até chegarmos à porta do quarto dos meus pais.

– Se pudesses entrar por esta porta que nem um maluco a abanar o machado no ar, era espectacular – sussurrei eu.

– Não queres que corte nada? – perguntou o cavaleiro.

– NÃO! – respondi eu meio engasgado. – Não cortes mesmo *nada*!

O cavaleiro disse que sim com a cabeça.

– OK, agora tenho de ir ao meu quarto para fazer a minha mala – disse eu, e dei uma palmadinha no ombro do cavaleiro. – Gostei muito de te conhecer.

– Vais-te embora do castelo? – perguntou o cavaleiro, parecendo ficar desiludido.

Olhei para a porta do quarto dos meus pais.

– Acho que já não falta muito – sorri eu, e depois desatei a correr pelo corredor adiante.

Do meu quarto, ouvi primeiro gritos, depois berros e a seguir a Mãe e o Pai a correrem e a virem bater com força na minha porta.

Peguei na minha mochila e saí.

– VAMOS EMBORA! – gritaram a Mãe e o Pai ao mesmo tempo, todos aflitos.

– Oh, agora que eu me estava a divertir! – disse eu. – Os castelos têm *tantas* cenas fixes!

– Não interessa, vais ter de te aguentar com a praia! – disse logo a Mãe, agarrando-me pelo braço e arrastando-me pelo corredor adiante. – E não se fala mais nisso!

– OK – respondi eu, e ri-me sozinho.

Descemos as escadas à pressa e saímos pelo átrio, onde vi um cavaleiro encostado a uma das paredes. Estava rodeado do pessoal do castelo e o gerente coçava o quei o.

– De onde é que saiu este cavaleiro? – perguntou ele à senhora da limpeza.

– Não faço ideia – disse a senhora enquanto limpava a armadura com um espanador de penas. – Mas amanhã a primeira coisa que vou fazer é dar-lhe uma boa polidela!

O Pai tapou os olhos da Mãe ao passarem pelo cavaleiro e eu, que ia atrás deles, vi-o a fazer um aceno pequenino com uma das manoplas de ferro.

aceno
pequenino

JOÃO PASTEL
PRODUÇÕES

RELATÓRIO DE AVENTURA INACREDITÁVEL

DOCUMENTO OFICIAL

NOME: *Sr. Sanguessuga (vampiro)*

IDADE: *Muito velho (os mortos-vivos costumam ter muitos anos)*

PESO: *Não pesam muito quando são morcegos – eu sei porque tive de arrastar o sr. Sanguessuga pelo corredor adiante. Ufa!*

Como detectar: *Dentes bicudos e uma capa suspeita (durante o dia, está atento ao protector solar com ecrã total!)*

Comentários: *Os vampiros não são muitos simpáticos – e têm a mania de transformar as pessoas em escravos <u>zombies</u>, por isso os vampiros devem ser muito preguiçosos.* [redacted] *Se balançarem um relógio antigo à tua frente... NÃO OLHES!*

João Pastel Produções

RELATÓRIO DE AVENTURA INACREDITÁVEL

NOME: Diabas!!! (não cheguei a saber o nome delas).

IDADE: Não interessa a idade - os diabos são sempre malvados, em todas as idades!

PESO: Acho que a baixinha e redonda pesava mais do que a alta e magra!

Como detectar: Pelos CORNOS!

Comentários: Os diabos são [redacted] horríveis e estão sempre a tentar disfarçar-se de seres humanos. Presta atenção à roupa do estendal - um dia destes, pode ser roubada por algum diabo! E os diabos são MUITO ESTÚPIDOS!

He he!

JP
JOÃO PASTEL PRODUÇÕES

RELATÓRIO DE AVENTURA INACREDITÁVEL

DOCUMENTO JP OFICIAL

NOME: Cavaleiro (esqueci-me de lhe perguntar o nome... desculpa lá...)

IDADE: Centenas de anos!

PESO: O fantasma não devia pesar nada, mas a armadura pesava uma TONELADA!

Como detectar: Ir para um castelo e estar atento ao CLANG! CLANG! CLANG!

Comentários: O cavaleiro era muito simpático e bem-educado - a verdade é que fiquei triste por vir embora porque nós podíamos ter-nos divertido imenso. Mas, como fazer mergulho também é ESPECTACULAR, não me arrependo de ter assustado a Mãe e o Pai com o cavaleiro! He he!

JP
João Pastel Produções

Não percas nenhumas das aventuras inacreditáveis, escritas por mim,

JOÃO PASTEL